HARMONIES

DES

INTÉRÊTS INDUSTRIELS

ET

DES INTÉRÊTS SOCIAUX,

POUR SERVIR D'INTRODUCTION A L'ENSEIGNEMENT DU CONSERVATOIRE DES ARTS ET MÉTIERS, COURS DE 1833 ;

Par le Baron CHARLES DUPIN,

Membre de l'Institut : Académies des sciences Physiques et Mathématiques, des Sciences morales et politiques.

PARIS,

BACHELIER, IMPRIMEUR-LIBRAIRE,

POUR LES SCIENCES,

QUAI DES AUGUSTINS, Nº 55.

1833

HARMONIES

DES

INTÉRÊTS INDUSTRIELS

ET

DES INTÉRÊTS SOCIAUX,

POUR SERVIR D'INTRODUCTION A L'ENSEIGNEMENT DU
CONSERVATOIRE DES ARTS ET MÉTIERS, COURS DE 1833 ;

PAR

LE BARON CHARLES DUPIN,

Membre de l'Institut, Académies des Sciences physiques
et mathématiques, des Sciences morales et politiques.

PARIS,

BACHELIER, IMPRIMEUR-LIBRAIRE

POUR LES SCIENCES,

QUAI DES AUGUSTINS, NO 55.

1833

Mes chers concitoyens,

Chacun de nous est bien peu de chose au milieu d'un grand peuple.

Cependant ce peuple même est la réunion d'individus comme nous; la richesse nationale est l'ensemble de nos travaux, et son honneur est l'ensemble de vos vertus de citoyens.

Ainsi, par un enchaînement admirable, le travail et la vertu du plus habile artiste et du moindre ouvrier se rattachent au bien-être, à la puissance, à la gloire de la nation entière.

Ce qui fait une patrie puissante avec des citoyens heureux, c'est l'intelligence et le respect des droits réciproques et des intérêts mutuels, entre les diverses classes, entre les diverses professions et jusqu'aux plus humbles métiers.

Par ce respect et cette intelligence, chacun sort de sa sphère égoïste et bornée, pour aller puiser une partie de son bonheur dans

1.

celui de ses émules, dont il n'est plus le rival et le jaloux.

Voilà vers quel agrandissement de vous-mêmes j'appelle votre esprit et votre patriotisme, en présentant à vos réflexions les *Harmonies des intérêts industriels;* harmonies dont l'étude est pour vous plus importante aujourd'hui qu'à toute autre époque.

Nous avons reçu la dure leçon de l'adversité durant nos jours de troubles et de discordes ; ramenons et conservons les temps heureux de la paix intérieure, avec les bienfaits réunis de l'ordre et de la liberté.

Alors l'industrie reprendra le cours de ses brillantes destinées, et le sort de l'ouvrier français sera de plus en plus prospère.

Tel est le but vers lequel vous appelle à diriger vos efforts, de concert avec les siens,

Votre dévoué concitoyen,

Charles DUPIN.

Décembre 1832.

HARMONIES

DES

INTÉRÈTS INDUSTRIELS,

ET

DES INTÉRÊTS SOCIAUX.

———

MESSIEURS,

Aujourd'hui (*), pour la douzième fois, nous recommençons nos cours annuels de sciences appliquées à l'industrie.

Nous avons consacré chaque séance d'ouverture à la défense de quelques principes, à l'explication de quelques vérités utiles aux classes laborieuses, importantes à la patrie par la portée de leurs conséquences.

Jusqu'en 1830 il nous a fallu lutter dix années contre les mauvais desseins du privilége, qui 'essayait, par tous les moyens, au reto   anciennes entraves sous lesquelles   opprimée l'industrie française.

———

(*) 9 décembre 1832.

1..

Alors nous défendions, avec toute l'énergie que nous pouvions apporter au soutien de la plus noble cause, et les libertés du travail contre le système des maîtrises dont les partisans du passé rêvaient le retour, et les bienfaits de l'enseignement populaire contre le système odieux de ces hommes qui pensaient qu'on domine, qu'on pressure, qu'on exploite plus aisément un peuple dans l'ignorance, que celui dont les esprits sont éclairés par une instruction sage et libérale; nous défendions enfin la moralité de la classe ouvrière contre la pensée dégradante qui croit faire assez pour des artisans en leur laissant de grossiers plaisirs, afin d'étourdir leur raison sur l'abrutissement de leur condition et la honte de leur sort, dans les pays où le peuple est sans droits, sans bonheur et sans dignité.

Depuis la mémorable époque de 1830, un nouvel ordre de devoirs s'est déroulé devant nous. La nation française a reconquis la puissance d'elle-même : la classe ouvrière s'est plus honorée encore par la sagesse montrée à l'instant de la victoire, que par la va-

leur si brillante déployée dans le combat ;
l'anarchie même s'est étonnée de ne savoir
où se prendre le lendemain d'un triomphe
remporté par le peuple seul, sans tribuns
et sans démagogues.

Mais la vertu la plus pure, lorsqu'elle a
vaincu tous les obstacles, résiste difficile-
ment aux séductions du succès, à l'ivresse du
pouvoir ; le poison de la flatterie s'insinue
dans les cœurs par degrés d'abord insensibles,
et l'orgueil achève une corruption commen-
cée par le plaisir de savourer un juste éloge.

C'est alors que l'ami de son pays doit la
sévérité de ses avertissemens et de ses conseils
aux hommes qu'on s'efforce d'égarer et de
pervertir.

Voilà quelle est la mission que nous avons
reçue de notre conscience et de notre patriotisme, depuis juillet 1830 ; mission qui s'est
agrandie par les circonstances, et qui nous
trouvera fidèle, aussi long-temps que votre
intérêt et celui de la France exigeront le re-
nouvellement de nos efforts.

En décembre 1830, nous ouvrions nos
cours à la veille d'un mémorable jugement

qui réveillait les souvenirs les plus doulou-
reux, et ravivait les passions les plus ardentes
chez les classes laborieuses : elles croyaient
remplir un devoir de piété filiale, en invo-
quant, au nom des pères, des époux et des
fils immolés en défendant la sainteté des
lois, leur plus grande sévérité contre les
hommes qui les avaient le plus violées. On
entendait même des voix qui certainement
n'avaient pas proféré les cris de l'héroïsme
au moment du combat, demander qu'on
châtiât par un crime les criminels que devait
seule châtier la vertu de la justice. Nous
n'avons jamais cru qu'il leur fût possible
d'égarer à ce point le peuple de 1830, et rap-
pelant à sa mémoire l'exécration qui poursuit
encore les forfaits de 1792, « Ces temps ont eu
leurs *septembriseurs,* avons-nous dit aux
classes laborieuses; eh bien ! 1830 n'aura
pas ses *décembriseurs ;* » et 1830 ne les a pas
eus.

Notre cours finissait au milieu des plus déplorables perturbations de 1831. C'est alors
qu'en notre discours de clôture, nous avons
examiné le sort des ouvriers, dans ses rap-

ports avec l'industrie, la liberté et l'ordre public. A cette époque, les capitaux épouvantés par la violence se cachaient et cessaient de commander du travail ; une foule d'ouvriers des plus sages se voyaient réduits à consommer les économies qu'ils avaient déposées à la Caisse d'épargnes ; tandis que les moins prévoyans ne trouvaient plus d'autres ressources que dans la commisération et la charité. Ainsi, l'industrie était écrasée par la discorde, la liberté compromise par les factions des rues, et l'ordre public obligé de se défendre les armes à la main, pour protéger tout ce qu'il y a de cher et de sacré dans l'enceinte de la Capitale.

Nos paroles furent alors ce qu'elles seront toujours, des paroles de paix et de concorde. Nous ne croirons jamais à la perversité des masses ; nous ne croyons pas même à la perversité du plus grand nombre de ceux qui cherchent à les agiter. Au milieu des individus les plus turbulens, nous pensons qu'il se trouve encore plus d'hommes dupes d'eux-mêmes ou d'autrui, que de méchans qui s'adonnent au mal par haine du bien. Voilà ce qui devait nous rendre modérés, même dans l'ardeur du conflit, et qui doit ouvrir nos cœurs à la miséricorde, après le triomphe, si nous souhaitons le rendre durable; car, dans les dissensions civiles, le succès de la force n'est rien, si le succès de la raison n'opère pas la conquête des esprits, et si la générosité des vainqueurs ne parvient pas à conquérir le cœur des vaincus. C'est la condition première des harmonies sociales.

Avec une admirable intelligence, non-seulement de la pensée, mais du sentiment, la population parisienne a compris ce nouvel ordre de vérités : elle a banni de son ame la haine, et de son esprit la crédulité. Désabusée des chimères que de prétendus amis faisaient briller à ses regards, elle a senti que, pour elle, sa liberté conquise, le bonheur ne pouvait naître que du travail, qui seul peut faire vivre tout un peuple, et lui procurer le bien-être.

Alors il s'est trouvé que l'anarchie n'avait plus d'échos chez les classes inférieures. La sécurité, trop long-temps bannie, est rentrée dans Paris; elle a ranimé l'industrie, et

maintenant nous avons ce bonheur d'affron-
ter la saison la plus rigoureuse, avec une
activité générale qui fait la prospérité des
boutiques, des ateliers et des manufactures.

Mais lorsque nous goûtons cette prospérité
nouvelle, si douce aux cœurs des bons citoyens, gardons-nous d'oublier les leçons
longues et cruelles que nous avons reçues
dans les temps qui l'ont précédée.

Ces temps, si désastreux pour l'industrie,
écoulés depuis trente mois, nous ont appris
une vérité qu'il importe de graver dans notre
mémoire....

Avec le climat le plus fortuné, avec la
population la plus active et la plus ingé-
nieuse, avec un gouvernement ami des libertés et des lumières, en un mot, avec tous
les trésors d'une civilisation puissante, un
grand état peut passer, par une transition
brusque et funeste, de l'opulence et du bien-
être à la plus fâcheuse détresse; et cela par
l'oubli d'une seule des conditions du bonheur social, le respect des droits mutuels et
des intérêts réciproques, et l'intelligence de
leurs harmonies généreuses.

Chacun se resserre dans son égoïsme ; cha cun se regarde comme un centre autour duquel la société tout entière doit tourner, doit fléchir, obéissante et prodigue ; chacun veut que toutes les industries se subordonnent à la sienne, que les prospérités générales soient sacrifiées, s'il le faut, à sa prospérité particulière. La liberté, c'est ce qu'il appelle son droit de faire tout ce qui lui plaît, lui sied, lui sert, nuisible ou non pour les autres ; l'égalité, c'est le renversement de tout ce qui le surpasse en richesse, en talent, en travail ; l'ordre, c'est, au contraire, l'abaissement indéfini, la dépendance illimitée de tous ceux qu'a placés au-dessous de lui le caprice du sort ou l'injustice de la fortune.

Que résulte-t-il de ces prétentions sans bornes et sans équité ? le relâchement de tous les liens sociaux ; le mépris ouvertement déclaré de tous les droits acquis par autrui, de tous les biens qu'autrui possède, de toutes les facultés de travail et de bien-être qu'autrui peut employer, et qu'on ne lui laissera pas le loisir d'employer en paix.

Qu'importe alors que les classes laborieuses s'efforcent, avec le secours de nos leçons, d'éclairer par le flambeau de la science, les travaux de leurs professions respectives, et d'accroître leurs moyens de servir à la fois leur fortune personnelle et la fortune de la patrie? Le fatal génie de l'égoïsme et le démon de la discorde sauront bien paralyser tous nos efforts, et rendre stériles les résultats de l'enseignement le plus fructueux.

Il y a donc une tâche à remplir, et la première de toutes, si nous voulons que nos élèves trouvent dans leur travail la récompense que mérite l'alliance du savoir avec l'énergie, et de la force avec l'activité; c'est de ramener la population tout entière à ces conditions d'harmonie sociale sans lesquelles, vous ne l'avez que trop appris à vos dépens, la nation la plus florissante peut voir paralyser en un clin d'œil son admirable prospérité.

Tel est le but vers lequel nous appelons les méditations et les efforts de tous les esprits généreux; qu'ils se pressent sous ce drapeau pour y rallier autour d'eux la nation entière.

Essayons, chacun suivant nos moyens, de concourir à cet acte patriotique, premier besoin de notre époque. Voilà ce qu'il faut entreprendre pour rétablir l'harmonie des intérêts industriels et des intérêts sociaux.

Trois grands intérêts industriels, trop souvent égoïstes, prédominent dans la société, et la groupent sous les bannières de l'agriculture, des manufactures et du commerce.

Écoutez chacun en particulier : les deux autres lui devraient être complètement sacrifiés; c'est pour lui seul que les lois devraient être partiales. Si l'un des trois l'emporte, sous le patronage d'un système politique, dès l'instant où ce système s'écroule, les deux autres intérêts s'en prévalent pour attaquer le premier et le traiter en suspect, en malfaiteur, en proscrit.

C'est ainsi que l'agriculture, imprudemment, abusivement favorisée par l'aristocratie territoriale de la restauration, est envisagée maintenant, par quelques personnes, comme un juste objet de défaveur et de disgrâce.

Les fabriques, à leur tour, ont éprouvé la même vicissitude.

Les manufactures nationales ont été trop protégées, à quelques égards, avant l'ère nouvelle sous laquelle nous vivons maintenant ; elles sont accusées aujourd'hui de préférer leur prospérité toute française à la prospérité, au développement, ou, comme on dit, à la liberté du commerce de l'étranger sur notre territoire.

Pour soutenir cette triple lutte, c'est trop peu de la raison, du calcul et de l'expérience : les passions serviront mieux et plus vite ; la colère, le mensonge, l'injure, l'outrage et la calomnie poursuivront les hommes qui chercheront à garantir la vérité des atteintes de la folie dominante.

On s'efforcera d'établir d'odieuses distinctions entre les producteurs et les consommateurs, afin d'exciter ces derniers contre les premiers. On essaiera, par des sophismes, de persuader qu'il est possible d'arriver à l'aisance des consommateurs en suivant la route qui mène à l'appauvrissement des producteurs : comme si, chez un peuple actif et laborieux, l'immense majorité des citoyens n'était pas nécessairement, par l'effet de son travail et de son intelligence, producteur de tout ce que réclament, ou directement ou par voie d'échange, ses besoins de consommateur.

Dans le même esprit, on s'efforcera d'obtenir des lois passionnées, qu'on prétendra rédiger pour le consommateur et contre le producteur, au risque d'attaquer la production même, c'est-à-dire la source unique du bien-être de tous les citoyens. Les individus considérés comme consommateurs recevront exclusivement le nom de peuple, et les producteurs celui de privilégiés ; à ce titre, on leur demandera de payer ce qu'on appelle la dette du peuple. On fera, si l'on veut, de cette dette imaginaire, la conséquence d'une révolution ; mais on n'en fera jamais les prémices de la paix sociale.

Tels seront les tristes moyens qu'on emploiera pour égarer, pour enflammer l'opinion, pour abuser de toutes les voies qu'offre la publicité, pour obtenir enfin des armes agressives, prises ou surprises dans l'arsenal de nos lois.

Au milieu de ce conflit, l'avenir devient également incertain pour les classes d'individus qui s'adonnent au commerce, aux fabriques, à l'agriculture ; les unes arrêtent leurs spéculations parce qu'elles espèrent obtenir sous peu, de l'autorité législative, des conditions plus ou moins partiales ; les autres, parce qu'elles redoutent des charges nouvelles ou des conditions de concurrence plus difficiles et plus défavorables.

Heureux les états où l'on comprend qu'il ne faut modifier qu'avec lenteur et circonspection les rapports d'intérêts et de concurrence, non-seulement entre l'étranger et les nationaux, mais entre les diverses industries exercées sur le sol national ! Chacun alors, averti long-temps à l'avance, est assuré que la vérité trouvera toujours le temps nécessaire pour apparaître, se propager et devenir souveraine ; chacun travaille avec sécurité, chacun agrandit ses entreprises, parce que chacun peut compter un long avenir de stabilité parmi les élémens certains de ses spéculations et de sa fortune.

C'est au sortir des commotions profondes

éprouvées par l'ordre social , que les diverses branches d'une industrie à peine convalescente doivent surtout redouter la précipitation qui tendrait à renverser subitement leur équilibre antérieur, à titre de conséquences de telle ou telle victoire politique.

Je viens de signaler les inconvéniens et les dangers d'une lutte déplorable entre les deux classes prétendues distinctes des producteurs et des consommateurs, comme entre les trois grandes divisions de notre industrie.

Toutes trois ont été menacées simultanément dans le principe même de la propriété, sur lequel reposent et leur existence et leur prospérité.

En effet , l'agriculture est l'exploitation des propriétés agricoles ; la fabrication dans les ateliers est l'exploitation des propriétés manufacturières ; enfin le commerce est l'exploitation des propriétés échangeables pour des biens équivalens.

Descendons aux derniers degrés des possessions de l'homme : le plus simple outil, le moindre instrument , l'équerre ou le compas, le rabot ou la hache, la navette ou le marteau, payés avec le travail du tailleur de pierre, du menuisier, du charpentier, du tisserand, du maçon, du serrurier ou du forgeron, c'est une propriété pour eux et pour leur famille.

Un modeste capital, économisé sur votre paie journalière et déposé par humbles parcelles à la Caisse d'épargnes, c'est bien là votre propriété; quelque jour elle pourra vous permettre d'acquérir un atelier, un comptoir, une boutique; quelque jour, peut-être, elle vous permettra d'obtenir par degrés, non-seulement l'aisance, mais la fortune, non-seulement pour vous, mais pour vos enfans, qui seront protégés, comme vous l'aurez été, par la sagesse et la force des lois, au milieu d'un peuple qui respecte à la fois les biens et les droits acquis.

Cependant il s'est trouvé des hommes qui, surgissant au milieu du tumulte où la société s'est vue précipitée par suite d'une grande révolution politique, ont osé dire : «Le fondement de l'état social actuel, c'est la propriété; nous abolissons la propriété.

» Le plus sacré de tous les titres c'est la transmission que fait le père à ses enfans du capital acquis par son talent et son labeur ; nous abolissons le droit des fils à la propriété créée, transmise par le travail de leurs pères.

»C'est l'énergie individuelle qui produit les plus grands efforts et les plus grands miracles de l'industrie ; eh bien ! nous ôterons l'avenir à l'encouragement de l'industrie individuelle ; nous laisserons tout au plus à chacun l'usufruit des biens qu'il aura conquis par son travail.

»Au nom de la liberté, nous ferons tout le monde esclave; nous asservirons même le travail, en portant une main hardie sur les capitaux qu'il produit et qu'il accumule ; nous régenterons, nous classerons, nous parquerons l'espèce humaine; nous nous ferons les juges suprêmes entre les capacités des individus dont se compose tout un peuple, et nous donnerons à chacun la part arbitraire que notre équité pontificale aura décidée pour lui.»

C'est trop peu de cette folie présomptueuse. Jusqu'ici le sexe le plus robuste était condamné par la nature aux travaux les plus durs et les plus périlleux ; il était le protecteur et le mentor, comme le défenseur du sexe le plus faible ; lui seul dominait officiellement dans les affaires publiques. Il faudra que désormais les deux sexes soient égaux, en dépit de la nature, pour que chacun de nous ait la douceur de posséder la femme libre dans son ménage, et de transporter les révoltés de l'opposition dans la monarchie du foyer domestique ; il faudra même que nous consentions à voir transformer nos compagnes en autorités constituées, en fonctionnaires dont nous serons, au besoin, les administrés : toujours suivant la grande loi des capacités respectives....

Aujourd'hui la raison publique a fait justice de ces Lycurgues en démence, qui s'annonçaient modestement pour remplacer les Solon, les Socrate, et, le dirai-je sans relever, indigné, mon front de chrétien ? pour remplacer avec avantage Celui qui mourut sur la croix afin de régénérer l'univers en respectant les lois humaines qu'il aurait pu renverser !

Mais croira-t-on que de ces prédications subversives de tout ordre social il ne soit pas resté de mauvais germes en plus d'une cité, chez les classes nécessiteuses appelées à partager, suivant leurs capacités, et vous savez quelle capacité chacun s'attribue ; à partager, dis-je, les biens de ceux qui possèdent, et qu'on flétrit, à titre d'incapables, de *stupides* propriétaires? J'emploie le terme consacré. Croira-t-on que nulle part on n'a prêché sans funestes résultats la doctrine qui déclare appartenir de droit aux travailleurs, les propriétés de ceux qu'on appelle avec mépris, *les hommes de loisir ?...*

Loin de moi d'accuser les esprits infatués des conséquences perverses qu'on peut tirer de leurs dogmes les plus absurdes. J'aime à croire et je crois qu'ils n'apprécient pas eux-mêmes les résultats déplorables des préceptes qu'ils embellissent avec tous les charmes du sophisme, avec le prestige de la pose et les entraînemens de la déclamation. Je me figure que, séduits par le beau côté de leurs rêves, ils n'entrevoient par les désordres et l'anarchie qui pourraient suivre leur réveil et celui de la société.

Au milieu d'un peuple où les lumières sont aussi répandues que chez le peuple de Paris, ces sophismes ont peu de puissance, et la raison générale en a bientôt fait justice.

Mais il n'en est pas ainsi dans les grandes cités manufacturières où des travaux très nombreux n'exigent que des opérations manouvrières presque entièrement machinales. Supposez qu'en ces mêmes cités, l'instruction populaire ait à peine répandu ses bienfaits ; alors vous verrez quel funeste effet peuvent produire sur des masses ignorantes, des maximes propres à diviser les ordonnateurs de travaux et leurs ouvriers ; propres à signaler, à stigmatiser les premiers comme les tyrans, les spoliateurs, les sangsues des seconds, à titre de *stupides* négocians, abusivement propriétaires de leur patrimoine et de leurs capitaux.

Une haine sourde germera graduellement au fond des cœurs de la classe laborieuse ainsi poussée à la discorde, au ressentiment, à la vengeance ! Vainement on lui préchera le pardon des prétendues injures, la tolérance des prétendues injustices, et la charité pour les prétendus usurpateurs de profits, de capitaux ou de propriétés, tout en faisant des peintures enflammées de griefs imaginaires. Si dans la saison mauvaise le travail vient à se ralentir, si les prix diminuent passagèrement ou durablement, par l'effet de concurrences étrangères et redoutables; si la réduction momentanée des salaires en est la conséquence inévitable, voyez quels malheurs résulteront de ces fermens d'anarchie industrieusement répandus parmi les ouvriers! joignez-y l'hypocrite pitié qu'étaleront les antagonistes de tout nouveau pouvoir, ces ennemis jurés de toute paix sociale qui ferait bientôt aimer un gouvernement modéré, libéral et sage.

Alors vous verrez des masses de population persuadées qu'on se fait un affreux plaisir de les réduire à la misère, et pour ainsi dire de les enchaîner par la famine. On remettra dans leurs mains le drapeau de la guerre civile, sur lequel le génie de la discorde écrira cette devise qui conviendrait certes aux dernières ressources d'un peuple réduit au désespoir :

Vivre en travaillant ou mourir en combattant !

Hélas ! le sang des citoyens a coulé dans Lyon pour justifier une devise qui, grâce à la Providence, n'exprimait qu'un mensonge au moment même où l'anarchie l'inscrivait sur ses bannières, dans la plus grande cité de nos départemens.

Et cette devise, expédiée d'un endroit mystérieux, qu'importait qu'elle fût vraie pour le lieu de la bataille ! l'objet essentiel était que partout ailleurs on fût en droit de redire : « Voyez-vous un peuple tout entier qui périt de misère et d'inanition par les vices de votre état social ! Il faut donc que cet état soit changé de fond en comble. A bas nos institutions ! A bas toutes les lois sur lesquelles repose l'édifice de la société !

Il importait surtout aux bons citoyens de voir si les malheurs dont ils étaient mortellement affligés n'avaient pas eu, comme on l'alléguait, pour excuse la misère et la faim, et si l'industrie lyonnaise ne suffisait plus à nourrir ses enfans. Eh bien! le contraire est prouvé par les registres du Mont-de-Piété, ce thermomètre authentique des souffrances populaires : pour les six mois qui précèdent immédiatement les scènes terribles que les amis de l'humanité déplorent, les ouvriers lyonnais avaient déposé moins d'effets, ils en avaient retiré plus que dans un même temps des années précédentes. Il y avait donc, à tout prendre, augmentation de ressources chez eux, et non pas accroissement de détresse. En même temps, le prix du pain diminué par degrés depuis près d'un semestre, rendait encore moins difficile de pourvoir à la subsistance des familles nécessiteuses.

Voilà les faits qui démontrent que les travailleurs lyonnais n'étaient pas irrésistiblement poussés par la terrible devise imaginée pour leur mettre les armes à la main, mais l'étaient par des idées funestes et des principes subversifs de toute harmonie sociale : tels qu'on en voit préconiser dans les temps d'anarchie et de révolution.

Combien le peuple de Paris s'est montré

plus éclairé, plus modéré, plus généreux dans la détresse qu'ont subie ses classes laborieuses! la France entière peut trouver ici le modèle d'une admirable conduite. C'est en même temps pour l'industrie une leçon salutaire : il faut la développer.

Avant la révolution de juillet, les travaux d'imprimerie avaient pris un accroissement prodigieux au sein de la Capitale. Les libraires formaient à l'envi des entreprises de plus en plus considérables ; ils ne faisaient pas imprimer seulement pour les besoins présens, mais pour les demandes présumées de l'avenir le plus prospère ; ils dépassaient, avec une excessive imprudence, par l'acroissement des publications, la fortune des lecteurs.

Ainsi, lorsque les revenus privés de la masse des citoyens augmentaient à peu près *d'un et demi* pour cent, la quantité des livres imprimés augmentait chaque année de *neuf* pour cent ! Il en résultait que les magasins de la librairie s'encombraient par degrés rapides.

D'après cela, vous concevez qu'à la moindre commotion politique, au moindre échec éprouvé par les consommateurs, l'imprimerie serait obligée de rallentir brusquement ses travaux, et de laisser sans occupation un nombre considérable d'ouvriers typographes.

Une autre circonstance compliquait les difficultés de cet avenir menaçant.

Pour satisfaire surtout aux besoins impérieux des publications périodiques, il avait fallu recourir à l'usage des presses sans fin, dont le mouvement continu permet de produire, dans le même temps, quatre à cinq fois plus de feuilles imprimées que par la méthode ordinaire ; plusieurs de ces presses, au lieu d'être mues par la force des bras, l'étaient par la force de la vapeur.

De tels mécanismes ayant été par degrés établis lorsque les travaux étaient en prospérité, la classe ouvrière n'avait pas été pour cela privée de travail ; au contraire, une impression plus économique avait permis de tirer à très grand nombre d'exemplaires des ouvrages proprement imprimés, quoique sans luxe, et vendus à des prix extrêmement modiques. Ce bas prix avait augmenté proportionnellement la vente des ouvrages et les travaux fructueux de l'industrie parisienne.

Il faut observer d'ailleurs que les impressions les plus belles exigent une perfection que ne peuvent atteindre les presses méchaniques. Les soins, l'attention vigilante, l'intelligence et la rapidité du coup d'œil, pour découvrir chaque défaut à mesure du tirage; toutes ces qualités du travail de l'homme ne peuvent être obtenues par le labeur d'une machine à vapeur. Il s'opérait donc une nouvelle division du travail : les impressions qui demandaient l'usage des facultés intellectuelles de l'habile ouvrier, restaient la propriété de son talent, et la seule tâche de la force brute passait au moteur méchanique ; progrès naturel d'une industrie dont les succès marchent de pair avec ceux de la civilisation.

La révolution de juillet arrive ; la prudence rallentit aussitôt l'application des capitaux à de nouvelles entreprises ; une foule de presses deviennent oisives, et les ouvriers qu'elles faisaient vivre se trouvent tout-àcoup sans travail, Ils avaient combattu pour défendre, ce sont leurs expressions, les libertés du travail et de la pensée; ils étaient vainqueurs, vainqueurs héroïques; le travail manquait à leur espoir, et leur attente était déçue !

Le génie du mal et de la destruction leur proposait de briser les presses sans fin et les machines à vapeur qui les faisaient mouvoir, afin de retrouver par la violence une partie du travail dont ils se regardaient comme injustement dépossédés.

Ce fut avec le secours même de la presse, que nous conjurâmes un grand danger de l'industrie, en employant les armes de la raison.

« Vous avez combattu pour les libertés, disions-nous aux ouvriers dans les écrits que nous leur adressions alors, et votre premier usage de la victoire serait de fouler aux pieds la liberté de l'industrie ! Vous avez combattu pour défendre les plus précieuses de nos propriétés, non-seulement matérielles, mais intellectuelles et morales, et vous iriez porter atteinte aux propriétés qui servent à l'émission même de la pensée !

» Ces vastes souscriptions d'ouvrages à très bas prix, possibles seulement avec des presses économiques, il faudra les abandonner au milieu de leur succès, si vous anéantissez les seuls moyens économiques de les conduire à terme. Par là vous n'aurez pas rendu l'ancien travail aux ouvriers qui manient le levier de la presse ; tandis que vous en aurez fait perdre aux compositeurs, aux étendeurs, aux brocheurs, aux relieurs, aux fabricans, aux marchands de papier, de carton, de cuirs, etc. Vous aurez ruiné les chefs de vos ateliers ; croyez-vous qu'après leur ruine, ils seront plus en état de vous faire vivre ? »

D'autres explications très plausibles étaient présentées par les grands journaux périodiques, lesquels sans l'usage des méchanismes n'auraient pas pu, dans une nuit, tirer leurs feuilles à dix, à quinze, à vingt, à vingt-trois mille exemplaires.

Je me suis un des premiers empressé d'apporter le faible tribut de mes lumières pour éclairer, pour convaincre, s'il se pouvait, la classe ouvrière en général et particulièrement la classe des typographes, en m'adressant non-seulement à ses intérêts en souf-france, mais à ses sentimens, à son honneur, à sa gloire si récente et si pure.

Je compterai toujours parmi les succès les plus heureux de mes travaux et de mon zèle d'avoir contribué à ramener, à maintenir dans les bornes de la sagesse, ces hommes si courageux, si fiers, et si malheureux quand ils étaient si dignes de ne pas l'être.

C'est ici que je dois leur rendre un juste hommage aux dépens de mon amour-propre. Je croyais les avoir convaincus par des raisons qui me convainquaient moi-même; un peu de vanité d'auteur accroissait peut-être le plaisir du bien que je pensais avoir produit. J'étais dans l'erreur : des lettres nombreuses, écrites avec une éloquence naturelle dont je fus frappé, me prouvèrent que mes arguments n'avaient pas produit leur effet sur les convictions. Mais j'avais fait appel, avec toute l'énergie de mon cœur, à leurs sentimens élevés, à leur caractère d'ouvriers parisiens, à leur gloire de vainqueurs, à leur équité d'hommes probes, à leurs vertus de citoyens, et ces ouvriers, abaissant leur esprit devant leur conscience, sacrifièrent leur intérêt à leur honneur.

Et je m'écrie à mon tour, « Honneur, honneur à l'ouvrier parisien, qui sait si bien s'illustrer par la victoire, et qui couronne sa victoire par la vertu ! »

Cette vertu, Messieurs, n'est pas restée sans récompense ; car aujourd'hui le travail et sa juste valeur sont revenus rendre par degrés l'aisance et la fortune à l'imprimerie parisienne.

Lorsque la raison et l'expérience réunissaient leurs efforts pour éclairer et diriger la classe des typographes, sur les intérêts des diverses professions qui la composent ou qui s'y rattachent, il fallait également lutter contre les propositions subversives par lesquelles on agitait d'autres classes industrielles. C'étaient les ouvriers boulangers qu'on cherchait à soulever contre l'emploi de quelques pétrins méchaniques ayant pour objet de confectionner avec plus d'économie et de propreté, non-seulement le pain du riche, mais aussi *le pain du pauvre :* en réalité, c'était un soulèvement pour une fraction minime de travailleurs, contre le peuple tout entier. Certes, là ne se trouvait pas l'intérêt des masses qu'on s'efforçait de mettre partout en avant comme ces béliers destructeurs employés autrefois pour abattre les forteresses, ou tout au moins pour en briser les portes.

D'autres fauteurs de désordres persuadaient aux conducteurs de cabriolets et de fiacres que les grandes voitures nouvélles appelées *omnibus*, parce qu'elles sont à la portée de tous, allaient complètement ruiner leur profession. Le maintien de l'ordre public a conjuré le danger qui résultait de ces suggestions perfides ; les *omnibus* se sont multipliés dans toutes les directions utiles au commerce, à l'industrie, au transport économique et rapide de tous les hommes laborieux, peu riches, et dont les moments sont comptés. Ce grand bienfait s'est opéré pour le peuple, et vous pouvez voir par vos propres yeux que les conducteurs de fiacres et de cabriolets n'ont pas été pour cela frustrés de leur industrie : ils ont besoin seulement de conduire à quelque peu meilleur marché, d'entretenir leurs voitures avec plus de propreté, d'être beaucoup plus attentifs, et de traiter tout le monde avec civilité, pour soutenir le parallèle avec les conducteurs d'omnibus.

Cet exemple, bien simple et bien frappant, peut nous servir pour vous expliquer et vous rendre sensibles les bienfaits de l'application des machines à tous les besoins de la société.

Avant qu'il y eût dans Paris des voitures de place, les personnes ayant une certaine aisance faisaient usage de chaises à porteurs; il fallait deux hommes pour en porter un troisième.

Ces deux hommes exerçaient le métier le plus humiliant, le plus pénible et parfois le plus dangereux, surtout en hiver par la pluie, par la neige, par le verglas ; mauvais temps pendant lesquels leur service était surtout demandé.

On introduit l'usage du fiacre ; dès ce moment on n'emploie qu'un homme pour conduire, quatre personnes et même au besoin pour en conduire six.

N'était-ce pas en apparence un sujet naturel de révolte pour les porteurs, qui devaient être au nombre de douze pour porter six personnes, tandis qu'un seul cocher de place allait remplacer douze porteurs?

Mais l'économie, la rapidité du transport en voiture, offrirent tant d'avantages, qu'il en résulta bientôt plus de cochers employés qu'il n'y avait auparavant de porteurs.

Ce n'est pas tout : au lieu d'avoir à fabriquer une simple boîte vitrée comme la chaise à porteurs, il fallut construire une voiture à quatre roues, suspendue sur des ressorts, occupant quatre fois plus d'artistes à des travaux exigeant plus d'esprit et d'habileté. Ainsi, la force brute des porteurs fut remplacée par l'intelligence plus exercée du cocher, et par l'intelligence infiniment supérieure du carrossier, et du forgeron de voitures suspendues.

Telle est l'image du progrès qu'il faut encourager, préparer, accélérer dans toutes nos industries. Échangeons sans cesse les travaux grossiers et durs qui épuisent le corps de l'homme à force de fatigue, pour des travaux d'un ordre supérieur où le labeur physique soit allégé, modéré, dirigé par l'utile coopération de l'intelligence, de l'imagination, de la mémoire et de l'esprit des artisans et des artistes.

Tel est le but de la civilisation; et tel est le but qu'un cours de géométrie et de méchanique appliquées aux arts, peut fournir le moyen d'atteindre.

Ce progrès est un bienfait non-seulement pour l'industriel qui s'efforce de l'opérer dans ses ateliers, mais pour la classe ouvrière, qu'il élève par degrés au-dessus d'elle-même. Gardons-nous donc de concevoir aucune passion mauvaise contre l'industriel, ou fabricant ou commerçant, qui prépare ce progrès par l'adoption de quelque nouveau moteur, de quelque machine nouvelle. Cet utile citoyen contribue par là même à l'amélioration du bien-être général, dût-il en résulter d'abord quelque gêne momentanée pour un petit nombre d'hommes.

J'aurais voulu, je l'avoue, que ces vérités eussent été comprises par les artistes qui cultivent une branche intéressante de l'industrie parisienne.

Depuis plus de trente ans, un habile manufacturier a contribué par son activité, son zèle et ses talens, à l'accroissement d'une fabrication pour laquelle la France n'a craint jusqu'à ce jour aucune concurrence avec les étrangers les plus habiles. Il est au nombre de ceux qui, toujours prêts à pratiquer les nouvelles inventions et les perfectionnemens, nous ont maintenus sans cesse à ce rang élevé, malgré les efforts et les progrès de nos rivaux, les Hollandais, les Belges et les Anglais.

Ce fabricant, je tairai le nom de son industrie afin de ne blesser personne dans cette enceinte, en vous offrant une leçon profitable pour tous; ce fabricant allait introduire dans ses travaux un méchanisme duquel pouvait résulter, en faveur de notre industrie, un moyen nouveau d'économie et de supériorité, mais qui faisait plus d'ouvrage avec un même nombre de bras, qu'on n'en faisait avec les anciens procédés. Son méchanisme était prêt lorsque arriva la détresse de 1830 et de 1831. Il eut la sagesse et l'humanité de ne pas en faire usage aussi long-temps que le travail fut en souffrance ; mais lorsque la prospérité s'annonça par des commandes abondantes ; lorsqu'il n'eut pas à craindre d'être obligé de renvoyer un seul ouvrier, il pensa que le temps était venu de mettre en pratique son innovation perfectionnée.

Aussitôt une réunion *secrète* de tous les hommes pratiquant ce genre d'industrie est convoquée. Le fabricant ingénieux et philanthrope est accusé, 1° d'avoir employé des moyens coërcitifs pour obliger ses ouvriers à travailler le lundi et même le mardi, sous prétexte d'ordre et de sobriété ; 2°, d'avoir, depuis beaucoup d'années, introduit inventions sur inventions, qui toutes tendaient à réduire la quantité de la main-d'œuvre, et, pour dernier délit, d'adopter un méchanisme des plus remarquables, afin d'arriver au même but. On emploie contre son génie industriel les formes juridiques et mystérieuses des tribunaux allemands du moyen âge ; sa fabrique est mise au ban de l'industrie ! D'ici à trois ans, défense est faite, sous peine d'immolation, qu'aucun ouvrier y travaille. Mais peut-être d'autres fabricans refuseraient de prendre les hommes qui s'y trouvaient employés ; eh bien ! l'association, *formée au nom d'une commune misère*, garantit, durant trois années, *trois francs* par jour à chacun de ces ouvriers qui se trouveraient sans travail, en demeurant fidèles à l'inexorable sentence de l'association.

Nos lois sont restées impuissantes pour réparer un tel outrage aux libertés de l'industrie. L'honnête homme ainsi frappé n'a trouvé ni secours ni sympathie chez la plupart de ses confrères. Après avoir souffert une perte immense, il a fallu qu'il s'engageât non-seulement à ne plus employer un méchanisme perfectionné, mais à le sortir de France s'il ne voulait pas le briser, et qu'il promît, le croirez-vous ? qu'il promît, *en présence des ravages du choléra*, de ne plus punir les ouvriers qui voudraient joindre au repos du dimanche le loisir et les libations des lundis et des mardis.

Lorsque la liberté, la prospérité, je dis plus, l'humanité, se trouvent ainsi sans recours, il restera, du moins aussi long-temps qu'un souffle de vie fera battre mon cœur, *la magistrature du professorat*. Ma voix en appellera des ouvriers aveuglés par les passions, aux ouvriers éclairés par la raison : c'est elle que j'invoque en ce moment, et jamais je n'ai plus souhaité de la rendre victorieuse.

Si les inventions, si les simplifications heureuses, inspirées par l'application des sciences à l'industrie, semblent un mal, un délit aux yeux de la classe ouvrière ; s'il est permis, s'il est possible de ruiner un habile et généreux citoyen pour le punir de son génie, il faut fermer les écoles où nous enseignons les moyens de rendre l'industrie plus habile et plus puissante. C'est à nous, professeurs, qu'il faut s'en prendre au premier chef ; car c'est nous et la science que nous professons qui sommes les premiers coupables.

Mais quelle serait la conséquence du système qui réserverait un châtiment, une ruine pour chaque nouveau progrès qu'on essaierait d'introduire dans l'industrie française ? Cette industrie, justement épouvantée, resterait stationnaire ; elle n'oserait plus rien imaginer, rien perfectionner ; tandis que nos rivaux en industrie, les Anglais, les Suisses, les Allemands, amélioreraient par des progrès rapides et leurs procédés et leurs produits, pour fabriquer à plus bas prix et mieux que nous.

Bientôt ils nous chasseraient de tous les marchés, et la France, dont la magnifique industrie vend à l'étranger chaque année pour 350 millions de produits manufacturés, la France n'en vendrait plus. Non-seulement elle perdrait la masse de travail que cette somme représente ; mais l'étranger, devenu supérieur, franchirait notre frontière en ayant au besoin recours à la contrebande, et ses produits, devenus préférables aux nôtres, en dépit de toutes les prohibitions, obtiendraient la préférence au sein de nos propres marchés.

Alors une immense ruine, éprouvée par la classe ouvrière, serait le juste châtiment de son aveuglement et de sa haine contre le perfectionnement des procédés de l'industrie.

N'imaginez pas qu'une semblable révolution soit impossible, et que jamais l'histoire du commerce n'en ait offert d'exemple à l'univers. Je puis vous en citer un qui a changé la face du monde.

L'Orient, vous le savez, nous a devancés dans toutes les carrières de l'industrie. Il y a déjà quatre mille ans, plusieurs de ses arts les plus remarquables avaient atteint la perfection qu'ils possèdent encore aujourd'hui, mais qu'ils n'ont pas augmentée.

Lorsque les navigateurs européens ont découvert la grande voie de la mer pour aborder chez les peuples de l'Inde, ils les ont trouvés incomparablement supérieurs dans la pratique des arts utiles. Aussi, malgré l'énormité des distances, il y eut un bénéfice prodigieux à nous apporter des produits dont vous apprécierez l'avantage en songeant que nous ne pouvions opposer à la porcelaine de la Chine et du Japon, que de la poterie grossière ; aux élégans tissus de mousseline, que des toiles communes ou demi-fines ; aux tapis de la Perse, que des tapisseries de grosse laine à personnages gothiques, gothiquement exécutés. En un mot, nous n'avions rien à donner, rien que de l'or et de l'argent, en échange des chefs-d'œuvre de l'industrie orientale.

Mais l'industrie européenne, toute barbare qu'elle était, renfermait le germe de sa supériorité future : ce germe était dans l'instinct et le besoin de la perfectibilité.

Vous savez ce qu'ont fait les Français pour devenir sans rivaux dans la fabrication des porcelaines ; vous avez pu voir, lors de la dernière exposition des produits de l'industrie, une collection de vases admirables d'élégance, et destinés aux cérémonies sacrées de l'empereur même du pays d'où nous venaient, il n'y a pas encore cent années, les porcelaines qu'alors nous désespérions d'imiter.

Mêmes progrès pour les tissus : aujourd'hui les harems, les sérails de la Perse et de la Turquie, sont embellis avec les tapis des Gobelins ou de la Savonnerie, et les tentures de Lyon.

Les Anglais ont pris leur part à ce triomphe moderne de l'Occident progressif contre l'Orient stationnaire. Avec le génie de deux hommes, ils ont fait des pas de géant par les prodiges de la méchanique appliquée aux arts. Tel est le sujet qu'il nous convient d'aborder en ouvrant un cours consacré particulièrement à cette application.

Watt, simple raccommodeur d'instrumens de mathématiques dans la ville de Glasgow, conçoit l'idée d'un perfectionnement à la machine à vapeur, fort imparfaite alors, et telle que l'avait construite le méchanicien Newcomen; il en fait réellement un moteur nouveau, tant il lui donne de force et de régularité; tant il l'approprie à tous les besoins de l'industrie.

Devant cette admirable invention, le labeur du bœuf et du cheval, celui du vent et de l'eau, celui de l'homme même, cèdent le pas, et sont vaincus par une immense supériorité.

Watt apporte à ce travail, qu'il poursuit toute sa vie, tant de constance et d'activité, que les machines à vapeur exécutées dans sa seule manufacture représentent la force et le travail de deux millions d'hommes qui travailleraient sans s'affaiblir et sans être jamais malades.

Le brevet de Watt expiré, des manufactures de machines s'élèvent de toutes parts, et maintenant la Grande-Bretagne en possède pour une force qui surpasse le travail de sept millions d'hommes.

Un contemporain de Watt, le perruquier Arkwright, car ce sont des ouvriers qui ont fait la grandeur des progrès de l'industrie britannique; Arkwright imagine son métier à filer le coton. Ce méchanisme, perfectionné par degrés, est aujourd'hui si puissant qu'il permet, avec la surveillance d'une femme, de filer plus vite et plus également des fils plus fins que n'en fileraient deux cents autres femmes avec le rouet ou la quenouille.

S'il faut regarder comme un fléau pour un pays, et surtout pour les ouvriers, les perfectionnemens qui diminuent çà et là quelque peu de main-d'œuvre dans une manufacture, jugez donc quels malfaiteurs, quels ennemis criminels Arkwright et Watt durent être pour leur patrie!.... Leurs machines combinées surpassent le travail de plus de vingt millions d'hommes... Combien de millions d'Anglais ont-ils privés de travail? — Voici ma réponse.

Avant qu'ils eussent mis leurs inventions en pratique, l'Angleterre ne pouvait pas employer et faire vivre plus de trois millions d'industriels de tout âge et de tout sexe.

Aujourd'hui, d'après les recensemens officiels les plus récens, ceux de 1831, l'on sait que la Grande-Bretagne fait vivre plus de dix millions d'industriels de tout âge et de tout sexe. Et ces industriels sont mieux vêtus, mieux nourris et mieux logés qu'ils ne l'étaient avant l'adoption des machines, dont le travail équivaut à l'emploi de plus de vingt millions d'individus. Non-seulement ils ont abondamment le nécessaire, mais l'industrie leur procure abondamment le superflu.

Jugez-en par un seul genre de consommation, celle du sucre.

En France, la consommation annuelle du sucre équivaut à la dépense de 1 fr. 82 c. par personne.

En Angleterre, cette consommation équivaut à 10 fr. par tête!.... ce qui fait huit fois plus qu'en France.

La population française consomme, en produits étrangers de toute espèce, pour une valeur annuelle de 20 fr. par tête.

La population britannique consomme, en produits étrangers de toute espèce, pour une valeur annuelle de 67 fr. par tête!

Voilà ce qui vous démontre qu'en objets d'agrément, de sensualité ou de pure utilité, l'extrême supériorité des moyens méchaniques de la Grande-Bretagne est pour la masse du peuple la cause d'un incomparable bien-être.

Mais, avec quoi, direz-vous, l'Angleterre paie-t-elle cette énorme quantité de produits étrangers qu'elle consomme annuellement? C'est avec les produits que les moteurs des Watt et les méchanismes des Arkwright servent à fabriquer.

En effet, par le seul usage des machines à filer, à tisser le coton, la Grande-Bretagne se procure de quoi vendre chaque année, aux peuples, étrangers pour près d'un demi-milliard de tissus et de fils de coton; si l'on évaluait ces produits selon les prix de l'époque antérieure au siècle de Watt et d'Arkwright, lorsque l'argent avait deux fois et demie la valeur actuelle, on trouverait que l'Angleterre vend chaque année pour 930 millions de tissus de fil et de coton; ce qui vaudrait 2 milliards 325 millions en monnaie de nos jours.

Nous, au contraire, comme nous avons peu de machines à vapeur, et comme nos méchaniques sont encore bien éloignées de la perfection, nous ne vendons chaque année aux peuples étrangers, en tissus de coton, que pour 55 millions de francs; c'est neuf fois moins que nos rivaux en industrie,

Avec une autre invention, celle des métiers méchaniques mus aussi par la vapeur, les Anglais parviennent à vendre à l'étranger pour 100 millions de lainages; nous en vendons seulement pour 26 millions,

Il ne faut pas croire que ces admirables résultats aient été conquis sans obstacles, sans qu'il y ait eu quelque chose de pénible pour les ouvriers anglais, dont il fallait plus ou moins modifier, changer, renouveler l'industrie et la profession.

Il ne faut pas croire non plus que l'ouvrier anglais, éclairé par une raison supérieure, ait accueilli comme un bienfait la révolution qui devait lui donner la supériorité sur les industries de toutes les nations. Au contraire, pendant plusieurs années des masses effrayantes d'ouvriers anglais se sont révoltées contre les plus beaux progrès des manufactures et des arts méchaniques. Ils se coalisaient, ils se transformaient en conspirateurs. Avec un voile noir sur le visage, ils allaient de fabrique en fabrique briser les métiers et les moteurs, immoler les maîtres s'ils résistaient, et brûler leurs établissemens.

Mais par degrés ces fureurs se sont apaisées. Dans un pays où les lois sont toutes-puissantes, elles ont triomphé du crime; elles ont assuré la liberté des perfectionnemens et la sécurité du génie. Alors la Grande-Bretagne a pu marcher sans obstacle vers le but de ses hautes destinées; elle a remporté la victoire sur l'industrie des Orientaux et des Occidentaux ; elle a pu suffire à des guerres qui lui coûtaient par an jusqu'à deux, trois et quatre milliards ; et l'un des pays les moins grands, une île peuplée par seize millions d'habitans, compte aujourd'hui, par ses conquêtes, cent quarante millions d'hommes ou citoyens, ou sujets, ou tributaires, c'est-à-dire le sixième de la population de l'univers.

Voilà ce qu'est devenue l'Angleterre en soixante années ; voilà ce que la France peut devenir à son tour en suivant la même voie.

Alors elle pourra donner le nécessaire et l'aisance, non pas seulement à quatorze ou quinze millions d'industriels que nous comptons aujourd'hui, mais à vingt-cinq, à trente millions d'industriels, s'ils veulent permettre aux perfectionnemens de suivre leur cours, à la méchanique de multiplier ses bienfaits, au lieu de prononcer malédiction et ruine sur les fabricans habiles, intelligens, qui font avancer nos arts.

Que les ouvriers regardent donc comme leurs premiers et meilleurs amis, tous ceux qui rendent plus puissans et plus économiques nos moyens de production ; qu'ils conçoivent pour eux amour et respect. S'ils ont momentanément à souffrir de quelques innovations, la société tout entière est là pour les secourir, pour leur ouvrir d'autres carrières et pour subvenir par une noble bienfaisance à leurs besoins les plus pressans; besoins qui devront bientôt trouver de meilleurs secours dans les ressources d'une industrie prospère.

Je me suis efforcé dans ce discours, de vous montrer combien le respect pour toutes les libertés, pour toutes les propriétés intellectuelles ou matérielles, est inséparable de la prospérité, du bonheur des ouvriers; j'ai voulu vous montrer qu'il n'y a de bien-être exclusif ni d'avantages égoïstes pour aucune branche d'industrie. Dans un grand état qui fleurit, tout se tient, tout avance, tout s'améliore à la fois par des services mutuels. Au contraire, dans un pays qui déchoit, tout se nuit, tout se déchire, tout se détruit par de mutuelles attaques. C'est à vous de choisir entre la voie de la bienveillance, des secours mutuels et des affections généreuses, et la voie de l'égoïsme, de la jalousie et des passions les plus basses : j'ose répondre pour vous que votre choix ne sera pas douteux : il sera digne de la patrie.

FIN.

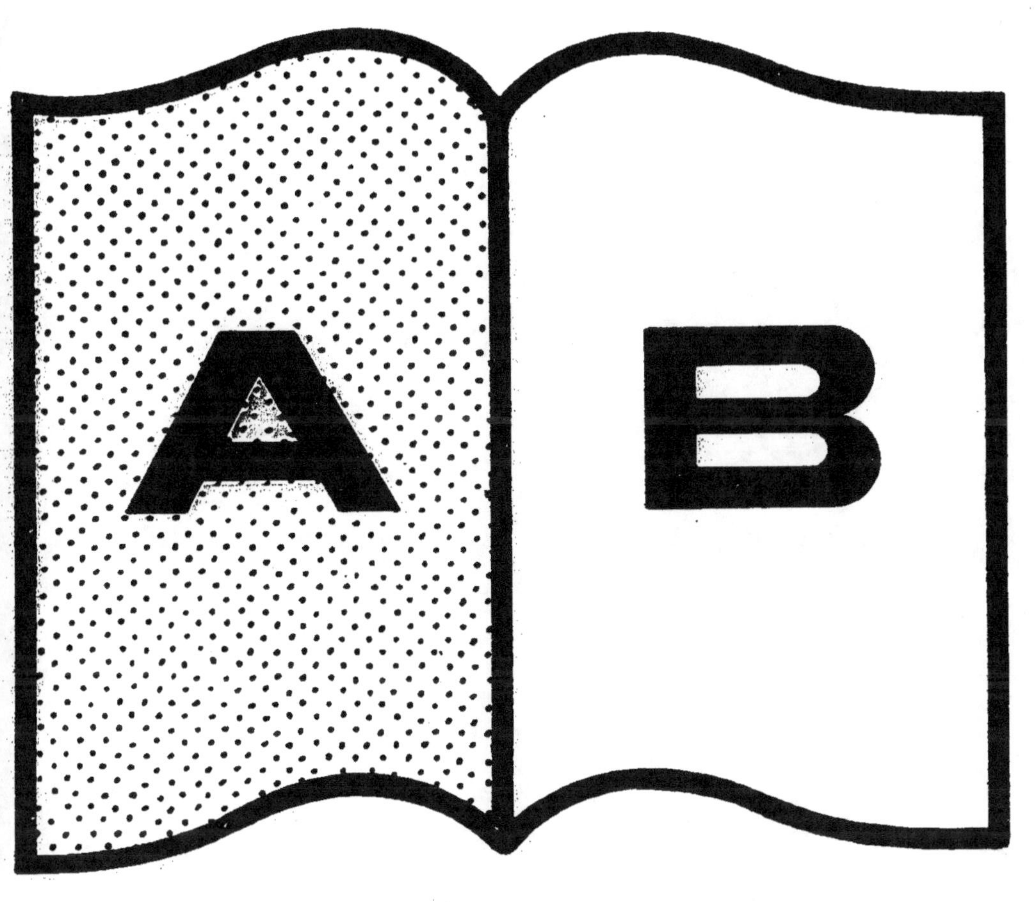

Contraste insuffisant

NF Z 43-120-14